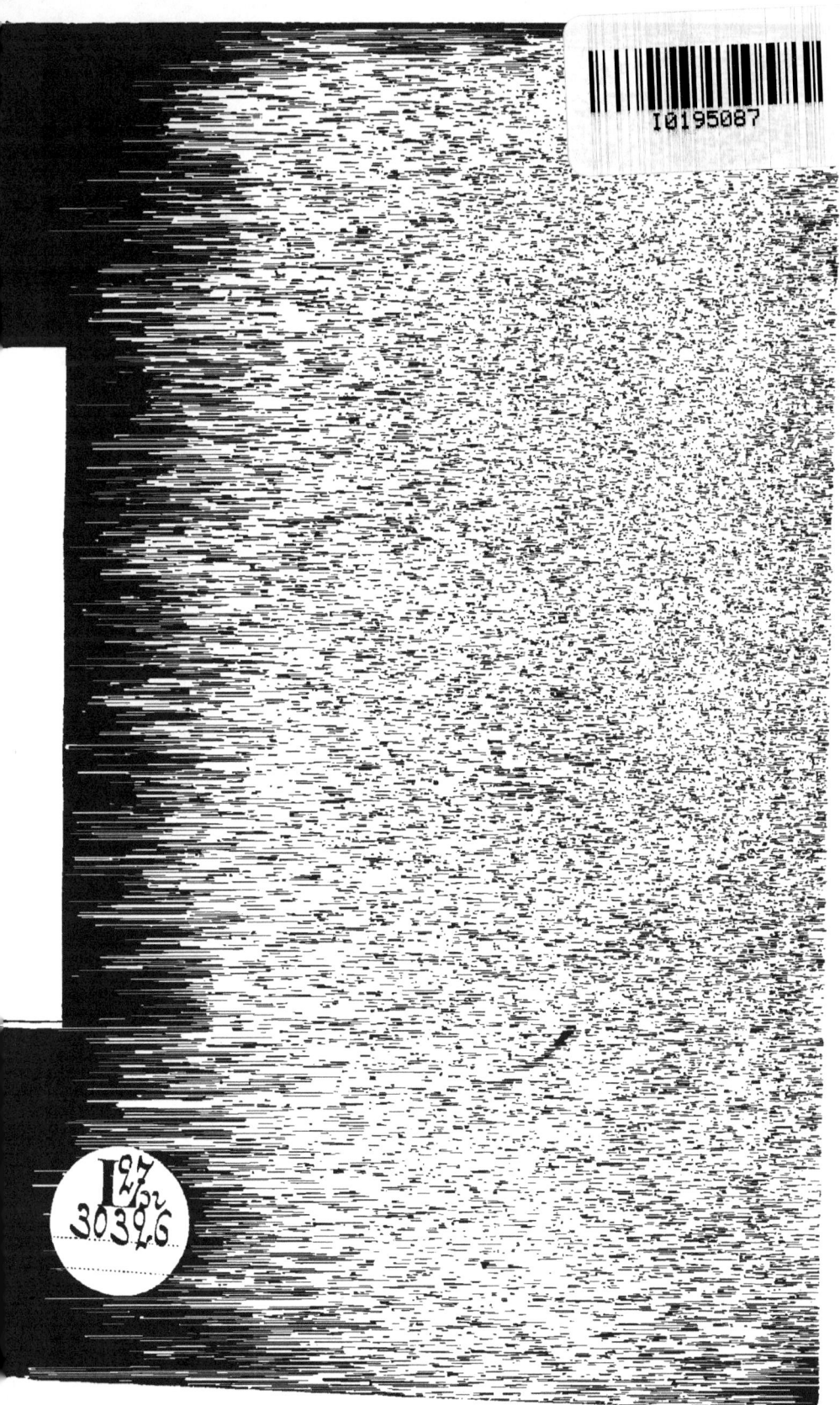

BIOGRAPHIE

LE
DOCTEUR C. SURVILLE

MÉDECIN A TOULOUSE

Ancien élève des Hôpitaux de Paris ; Ancien élève et Médecin diplômé de l'Ecole de Médecine de Toulouse ;
Ancien élève et Médecin diplômé par la Faculté de Médecine de Montpellier ;
Docteur en Médecine de l'Université américaine de Philadelphie ;
Membre correspondant et Lauréat de plusieurs Académies, Instituts et Sociétés scientifiques

SA VIE, SES ŒUVRES

PAR

A^{te} SAMSON

Gérant de *l'Union littéraire*, Rédacteur dans plusieurs journaux

> Quand un ami tendre et sincère
> Prévient et comble vos souhaits,
> Il faut divulguer ses bienfaits ;
> C'est être ingrat que de se taire.
> A. SAMSON.

PRIX : 50 CENTIMES

TOULOUSE
IMPRIMERIE CENTRALE. — J. CLERMONT
43, RUE DES BALANCES, 43

1878

CLOVIS SURVILLE

BIOGRAPHIE

LE
DOCTEUR C. SURVILLE

MÉDECIN A TOULOUSE

Ancien élève des Hôpitaux de Paris ; Ancien élève et Médecin diplômé de l'Ecole
de Médecine de Toulouse ;
Ancien élève et Médecin diplômé par la Faculté de Médecine de Montpellier ;
Docteur en Médecine de l'Université américaine de Philadelphie ;
Membre correspondant et Lauréat de plusieurs Académies, Instituts et Sociétés scientifiques

SA VIE, SES ŒUVRES

PAR

A^{te} SAMSON

Gérant de l'*Union littéraire*, Rédacteur dans plusieurs journaux

> Quand un ami tendre et sincère
> Prévient et comble vos souhaits,
> Il faut divulguer ses bienfaits;
> C'est être ingrat que de se taire.
> A. SAMSON.

PRIX : 50 CENTIMES

TOULOUSE
IMPRIMERIE CENTRALE. — J. CLERMONT
43, RUE DES BALANCES, 43

1878

BIOGRAPHIE

LE

DOCTEUR Clovis SURVILLE

Si une vie, toute de travail et de dévouement, peut être donnée en exemple à la société, c'est, sans contredit, celle de Clovis Surville, actuellement médecin de la ville de Toulouse, dont nous allons essayer ici d'esquisser à grands traits les principaux faits.

Peu de gens, à coup sûr, ont mérité autant que lui le titre de véritable philanthrope, mais aussi, et pour cette raison même, peu ont su, autant que lui, faire naître ces haines jalouses et ces rancunes implacables qui ne s'attachent qu'au mérite sérieux et aux intelligences supérieures et convaincues.

C'est un disciple de Mesmer que nous allons présenter au public, mais un disciple doublé d'un homme de science, possédant le résultat de tous les progrès que l'art de guérir a su faire depuis la venue du célèbre innovateur de la médecine magnétique.

Clovis Surville est né à Gratens (Haute-Garonne) le 18 février 1835. Il appartient à cette génération sur la grande jeunesse de laquelle 1848 imprima son cachet indélébile, en lui ouvrant la voie des aspirations élevées et libérales.

Plus que tout autre, du reste, il était à même de profiter des larges idées et de la saine morale qui découlent des immortels principes de 1789; son père, Antoine Surville, cultivateur modeste, laborieux et d'une are intelligence, toujours choisi, par ses concitoyens, pour ses idées libérales, comme membre de l'autorité municipale de Gratens, son père, dis-je, sut de bonne heure lui inculquer les qualités et les principes qui formaient sa règle de conduite, et auxquels il dut d'être nommé maire de sa commune à l'avènement de la République de 48.

Cette nomination, prix justement mérité de son dévouement aux idées modernes, augmenta encore, comme bien on le pense, la haine des ennemis politiques d'Antoine Surville; les cléricaux et les autocrates conservateurs de toute nuance le vouèrent à une haine implacable, qu'ils reportèrent plus tard sur son fils, avec l'acharnement qui est le propre de leurs sentiments aveugles.

Comme on le sait, la République française, minée sourdement par la réaction, fut trahie et échoua au sinistre coup d'Etat du Deux-Décembre 1851.

Antoine Surville, l'homme intègre, l'homme de désintéressement et de dévouement, le fonctionnaire vigilant et le propagateur des principes libéraux, dut subir la loi commune appliquée aux purs et souffrit les diverses tortures que l'on mit en usage à cette époque et que l'on continua à employer sous toutes sortes de formes durant les vingt années d'oppression et de corruption qui suivirent.

Clovis Surville, digne héritier des sentiments élevés de son père, quoique bien jeune à cette époque, n'en reçut pas moins le baptême du feu des républicains. Il avait orné son bonnet de la cocarde tricolore, qu'il portait fièrement partout : à la promenade, à l'école, voire même au cathéchisme ; le curé qui le préparait à sa première communion, vieillard irascible et imbu des préjugés les plus despotiques, ennemi politique de son père, ce qui lui valait déjà de sa part une antipathie qu'il lui faisait sentir en toute circonstance, ce curé, dis-je, lui arracha stupidement sa coiffure et, après lui avoir déchiré sa cocarde, voulut encore punir le jeune élève. Mais celui-ci, enthousiaste des maximes libérales professées par les siens, lui répondit, avec toute l'indignation que lui inspirait déjà l'amour du juste et la haine des oppresseurs : « Je regrette trop le temps que je perds auprès de « vous pour vous obéir désormais, et je vous quitte pour « toujours, avec la conviction que je puis mieux profiter de « mon temps ailleurs. »

Cette affaire fit beacoup de bruit dans la contrée : autocrates et bigots en furent scandalisés et en firent le point de départ des innombrables et inqualifiables misères qu'eut à subir, depuis, Clovis Surville, et qu'il a décrit dans l'un de ses ouvrages : *La Cible des Profanes*, auquel nous renvoyons le lecteur désireux de les connaître ; leur énumération nous ferait sortir du cadre que nous nous sommes imposé.

Le fait que nous venons de retracer promettait pour l'avenir un sujet d'un sens rare et d'une rare énergie, qualités qu'il n'a jamais démenti dans aucune des épreuves que le hasard ou la malignité des hommes lui ont fait essuyer depuis. Du reste, en cherchant bien, et dans une jeunesse plus tendre encore, nous trouvons déjà des signes non équivoques de ce grand caractère.

Clovis Surville fut mis de fort bonne heure à l'école ; il avait à peine six ans que, dans sa haute intelligence et voulant en faire plus tard un citoyen éclairé, son père décida de l'envoyer chez l'instituteur de Labastide-Clermont (Gratens ne possédait, malheureusement, pas d'école à cette époque). Aussi le petit Surville, pour faire deux fois par jour les six kilomètres qui séparent sa commune de celle de Labastide, était-il obligé de partir de bonne heure le matin et de ne rentrer que tard le soir pour souper ; nous ajouterons que ceux qui connaissent toutes les difficultés, tels que ruisseaux, bois, broussailles, etc., etc., qui coupent la route que devait suivre le jeune Clovis pour se rendre à l'étude, peuvent seuls apprécier le degré de constance que devait déjà posséder cet enfant de six ans, lorsque l'hiver venait encore aggraver les obstacles qu'il avait à surmonter.

Nous ne voulons pourtant pas faire de Clovis Surville une espèce d'enfant phénix ; il connut aussi, croyez-le, les plaisirs de son âge auxquels il se livrait tout comme un autre, et au besoin mieux qu'un autre ; il eut même la réputation d'un dénicheur émérite ; il n'était pas de nid, si haut placé qu'il fût, qu'il ne sût atteindre. On raconte encore de lui la façon dont il savait changer les œufs et placer dans un nid de pie des œufs de poule, ou dans un nid de corneille des œufs de pie. C'est dire qu'il avait toute la gaieté de ses camarades du même âge.

Lorsqu'il eut huit ans, ses études furent subitement interrompues par la mort de son digne professeur, M. Brune. Le jeune écolier se trouva un instant sans instituteur ; alors son père le conduisit à six ou sept kilomètres de Gratens, chez M. Rupé, maître d'école à Laffitte-Vigordane, le plus charmant village de la région, lequel s'honore de posséder M. de Rémusat parmi ses habitants. Les études du jeune Surville reprirent leur cours, et son caractère probe, loyal et bon se dessinant de plus en plus ; ses camarades l'affectionnaient tout particulièrement pour son bon naturel et son courage à défendre les faibles, car il était brave jusqu'à la témérité. Nous ne citerons qu'un fait entre mille, lequel prouvera aussi sa constance et son goût pour l'étude.

Vers la fin de mai 1843, il avait neuf ans environ, partant un matin pour l'école, il trouva la rivière *La Louge,* qui séparait les deux communes de Gratens et Laffitte, dans un état de débordement extraordinaire. Les eaux avaient emporté, dans la nuit même, la passerelle qui servait de communication entre les deux pays. Un autre, à sa place, aurait pris le sage parti de rebrousser son chemin et de rentrer au logis. Telle ne fut pas sa décision : sans balancer davantage, il se déshabilla, fit un paquet de ses vêtements et les lança de toutes ses forces, au moyen d'une courroie, sur le bord opposé; puis, confiant dans ses talents de fort nageur, dans son courage et sa vigueur, il se jeta résolûment dans le courant impétueux qui le força à décrire une diagonale telle, qu'il faillit se noyer, car il ne lui fut permis que de s'accrocher au dernier des arbres qu'il s'était donnés pour but sur la rive opposée. Il nous a avoué que c'est dans cette aventure qu'il avait le plus risqué sa vie ; la sensation de froid qu'il avait éprouvée en sautant à l'eau fut si vive, paraît-il, qu'il lui sembla « qu'il recevait un coup de sabre dans le ventre. » Ce sont ses propres expressions. Et sa difficulté pour atterrir fut si grande qu'il se crut perdu un long moment. Aussi ne voulut-il plus recommencer cette expérience en sens inverse à son retour, et rentra-t-il chez lui deux jours après seulement (en faisant un immense détour), à la grande joie de sa famille qui, n'ayant pas de nouvelles de lui depuis l'avant-veille, le pleurait déjà comme bien réellement noyé. Il y avait environ deux ans qu'il allait étudier à Laffitte, lorsque sa propre commune fut aussi dotée d'une école ; il quitta alors la classe de M. Rupé pour suivre plus directement, sous la surveillance de son père, les leçons de M. Dubuc, le premier des instituteurs de Gratens. Ce fut à ce moment que, sans faire aucun tort à ses études classiques, il commença à aborder la musique et apprit successivement à jouer de l'octavin, de la flûte, du violon et du cor de chasse. Ce furent ses distractions favorites. Ici se place l'anecdote que nous avons racontée en commençant, au sujet de la préparation du jeune Surville à sa première communion par le vieux curé de Gratens, lequel avait en si grande haine jusqu'aux insignes républicains dont le jeune catéchumène avait orné son chapeau. Après la réponse que ce dernier fit au vieux prêtre, qui avait osé fouler aux pieds sa cocarde tricolore, il quitta le catéchisme et l'église, et son père le confia aux soins de M. l'abbé Toigne, que nous connaissons particulièrement et que nous pouvons affirmer être l'un des démocrates les plus honnêtes et les plus convaincus que nous ayons vus dans notre vie.

M. l'abbé Toigne, dont les idées étaient si bien en harmonie avec celles du père de Clovis Surville, se chargea entièrement de lui, de son éducation, et lui fit faire sa première communion. Durant deux années, le jeune Surville resta le pensionnaire en même temps que l'élève de M. l'abbé Toigne, qui commença son instruction secondaire en lui apprenant le latin. Mais ses études furent encore une fois entravées : Antoine Surville, son père, tomba malade et devint presque infirme. Son fils, quoique âgé de quatorze ans seulement, lui devint indispensable à la maison.

Devenu jeune homme, d'une nature solide et d'un tempérament laborieux, Clovis Surville se mit résolûment à l'œuvre et remplaça bientôt entièrement son père dans les travaux les plus pénibles de ce dernier. C'est ainsi que peu à peu il parvint, par la constante opiniâtreté qui fait le fond de son caractère, à suppléer entièrement au chef de sa famille et à augmenter même le produit du bien de son père. Mais, quelque durs que fussent ses travaux manuels et quelque difficulté qu'il rencontrât à perfectionner son éducation, il ne perdit jamais l'occasion de compléter son instruction si bien commencée. Plusieurs fois par semaine il allait prendre des leçons chez l'instituteur de sa commune.

Notre héros atteignit ainsi ses vingt ans.

C'est à cet âge de rêves et d'illusions, d'aspirations et de désirs, à cet âge qui double le goût du merveilleux que, pour la première fois, un traité de magnétisme tomba entre les mains de Clovis Surville. Il fut tellement frappé des ressources qu'offre cette science, qu'il s'empressa de se procurer tous les ouvrages y ayant trait. Il les étudia d'une façon sérieuse et suivie et fit de rapides progrès en fort peu de temps. En effet, tout ne se trouve-t-il pas réuni dans cette science pour tenter une imagination jeune et ardente : merveilles des résultats, effets salutaires et facilité des applications, inconnu des limites, etc., etc., tout concourt à en faire l'*utile et dulcite* tant cherché.

Lorsqu'il se sentit assez avancé dans la théorie des mystères du magnétisme, il se décida à passer à l'expérimentation. Malgré les obstacles que rencontrèrent ses premiers pas dans cette voie, armé de la foi la plus vive, il n'en continua pas moins ses essais sans jamais laisser échapper une occasion. Rien ne l'arrêtait devant une expérience à tenter ; quelquefois même il agissait mentalement sans qu'aucun signe extérieur indiquât le travail de sa volonté. C'est ainsi qu'un jour, au milieu même d'un quadrille, il magnétisa, à son insu, sa propre danseuse. Cette jeune personne, qu'il voyait pour la première fois, se sentit tout à coup, vers la fin de la danse, une lassitude extraordinaire et s'écria : « Mon Dieu, que j'ai » envie de dormir ! il me tarde d'avoir fini ce quadrille pour » me reposer : ma tête est lourde, mes jambes se dérobent » sous moi, le sommeil m'accable ! » Elle dut aller se reposer, et Surville, charmé de la réussite de son expérience, procéda, peu après, à la démagnétisation de son sujet sans que celui-ci se fût douté de quoi que ce soit. C'est ainsi qu'il découvrit sa puissance magnétique.

Mais nous allons le voir agir d'une façon plus sérieuse.

Vers cette époque de sa vie, son père, alors âgé de 60 ans, était atteint depuis une dizaine d'années d'une douleur sciatique compliquée d'une paralysie locale. Il avait consulté bien des médecins, suivi bien des traitements et était allé tous les ans prendre les eaux ; rien n'y avait fait, son état s'en aggravait plutôt.

Dans ces derniers temps, son mal était devenu chronique et à l'état si aigu qu'il ne pouvait plus, qu'avec beaucoup de peine, traverser sa chambre, de son lit à la cheminée. Depuis six ou sept mois il ne pouvait presque plus se remuer, maigrissait encore et souffrait des douleurs intolérables. Son fils, désolé de le voir dans cette triste situation, voulut mettre au service de son père la science qu'il avait déjà acquise, et lui proposa d'essayer de le guérir par le magnétisme. Antoine Surville y consentit. « Mais, cependant, lui « dit son fils, comme je n'ai jamais essayé la puissance « magnétique sur aucun malade, si, par hasard, tout en « voulant vous guérir, je vous rendais plus malade encore, « que diriez-vous ? »

— « Mon enfant, lui répondit son père, je suis si malade, « je souffre tant, que je ne demande plus qu'une chose : « mourir ou guérir ! J'ai foi en toi et en la science que tu « étudies ; nous sommes unis par la même volonté, ce qui « constitue la base de l'influence magnétique ; opère-moi « donc, et je suis convaincu que tu me guériras ! Du reste, « quoi qu'il arrrive, je te pardonne d'avance ! »

Ce fut le 1er mai 1856 que Clovis Surville entreprit la cure de son père par le magnétisme.

Il est inutile, ici, d'entrer dans tous les détails de ce premier traitement; qu'il nous suffise de dire qu'au bout de deux mois, par le seul fait de l'influence magnétique, la guérison était complète (1). Les douleurs avaient disparu ; les forces étaient revenues, et toutes les autres fonctions s'exécutaient d'une façon admirable. Ajoutons encore que, depuis cette époque, jamais Antoine Surville n'éprouvait plus rien de ce qui le faisait tant souffrir auparavant.

Un résultat aussi merveilleux, et un certain nombre d'autres guérisons tout aussi complètes qu'il opéra dans diverses localités, ne laissèrent plus le moindre doute à Clovis Surville sur la souveraineté de ce traitement, et il promit de se consacrer entièrement au soulagement de ceux qui souffrent, en employant un remède aussi efficace ; c'est le but qu'il a toujours poursuivi et qui lui a valu tant de poursuites acharnées et de colères haineuses.

Entraîné par des faits si convaincants, il ne chercha plus que de nouvelles cures à faire, ce qui lui permettait d'approfondir le magnétisme et ses phénomènes merveilleux. Inutile d'ajouter qu'il n'était guidé, en tout cela, que par l'amour de la science et un exubérant désir de faire le bien.

Peu à peu, sa réputation de guérisseur prit de la consistance et s'étendit : on vint le trouver de toutes parts, et avec d'autant plus d'empressement que le médicament ne coûtait pas plus que le médecin ; car ce dernier, ainsi que nous l'avons déjà fait entendre n'avait, pour toute rétribution, que le plaisir qu'il éprouvait à voir ses malades guéris ou soulagés.

Ce fut vers cette époque (juin 1857) que ses amis l'entraînèrent à Rieumes le jour de la foire, pour donner quelques consultations.

Il fit, entre autres, une visite dans un café de la ville, à un

(1) Les détails de cette première cure sont rapportés tout au long dans l'ouvrage de M. Surville, intitulé : *Médecine magnétique et somnambulique*, à la page 69.

malade alité qui lui avait été signalé, et qui, ayant été abandonné par plusieurs médecins, était à peu près condamné. Un dernier disciple d'Esculape lui restait pourtant, et le voyait encore, par acquit de conscience, à de longs intervalles. Sur les instances d'un parent du moribond, Clovis Surville, après avoir examiné ce dernier, promit de revenir secrètement à Rieumes pour le soigner. En effet, il y retourna plusieurs fois en ayant soin de changer le lieu de chacune de ses séances.

Malgré ces précautions, les médecins, sans doute, mais à coup sûr la police, prit ombrage des succès croissants du jeune Surville ; et, bien renseignés sur l'endroit où il donna un jour sa consultation, trois gendarmes firent irruption dans la salle où il se trouvait, et l'un d'eux, *Pandor,* c'est certain, l'arrêta « au nom de la loi, » absolument comme s'il eût été un vagabond sans ressources. Quoiqu'indigné des procédés des gardiens de la loi il se laissa conduire docilement à la gendarmerie, où on le mit dans une chambre ayant pour tout ameublement une litière de paille, sur laquelle il passa la nuit. Le lendemain on le fit monter dans une voiture louée à ses frais et escortée de deux gendarmes; il fut conduit à Muret devant le procureur impérial (nous étions sous l'empire).

Le brigadier de gendarmerie exposa à ce magistrat les motifs de l'arrestation arbitraire de notre héros et reçut, en échange de sa narration, un blâme des plus sentis, avec prière de vouloir bien, à l'avenir, ne plus renouveler de pareils exploits ; puis le procureur ajouta : « Du reste, je
» suis, depuis longtemps déjà, renseigné sur les faits et ges-
» tes de ce jeune homme par de prétendues plaintes en exer-
» cice illégal de la médecine, etc., etc., mais je sais que sa
» famille est honnête et que lui-même est inoffensif ; vous
» eussiez dû attendre mes ordres avant de le mettre en état

» d'arrestation, comme le premier malfaiteur venu. Retirez-
» vous. » Puis, se trouvant seul avec Surville, M. le procureur lui tint à peu près ce langage : « N'étant pas reçu
» médecin, mon jeune ami, vous ne pouvez faire aucune
» ordonnance sans vous mettre en dehors de la loi. Faites
» du magnétisme tant que vous voudrez, mais n'employez
» aucune formule médicale, et même ne soignez ostensible-
» ment personne, sans être pourvu d'un diplôme de méde-
» cin. Telle est la loi, et si vous l'enfreignez, croyez-moi, il
» vous en coûtera. » Surville, qui écoutait religieusement
ces bons avis, répondit au procureur : « J'irai, monsieur,
» étudier la médecine, puisqu'il le faut, afin de pouvoir libre-
» ment exercer le magnétisme. » — « C'est, je crois, ce que vous
» aurez de mieux à faire, lui répondit le procureur en le
» congédiant; car, alors, vous serez à l'abri de toute espèce de
» de poursuite. » Ainsi se termina cette arrestation fantaisiste, qui eut pour tout résultat de lui occasionner une perte de temps et d'argent.

Malgré cette arrestation arbitraire et les avis du procureur impérial, Surville se crut suffisamment édifié sur la ligne de conduite à suivre pour l'avenir ; aussi, s'abstenant complétement de retourner à Rieumes ou dans d'autres localités, et ne se permettant plus aucune ordonnance écrite, il se contenta d'exercer chez lui sa science favorite, qu'il continua à faire servir de base au traitement des maladies réputées chroniques et incurables pour lesquelles, malheureusement (nous nous permettons ici cette observation), on n'a recours au magnétisme que dans le cas où les secours de la médecine ordinaire sont reconnus impuissants. Et la plupart du temps on s'adresse ainsi au magnétisme, ce qui est encore plus regrettable, non parce qu'on est convaincu des bons effets de ses doctrines, mais parce qu'on a pu constater par soi-même l'impuissance de la médecine ordinaire.

Quoi qu'il en soit, Clovis Surville, à cette époque, exerçait déjà cette science avec une telle conviction, et par conséquent avec une telle puissance, qu'il passa bientôt pour un bienfaiteur de l'humanité, et qu'il fut surnommé la providence de son pays.

En cela, il croyait être entièrement dans la légalité, et nous sommes presque de son avis, car aucun article du Code n'interdit l'exercice du magnétisme pur. Pourtant, son illusion fut de courte durée : les plaintes recommencèrent à pleuvoir, et bientôt les gardes-champêtres, les juges de paix et les zélés de l'obscurantisme, les uns sollicités, les autres poussés par ses ennemis, recueillirent une foule de renseignements, aussi bien sur le compte des personnes qui allaient consulter Surville que sur lui-même, et disposèrent tout un échafaudage de prétendues preuves qui devaient l'accabler plus tard.

En effet, son horizon se rembrunissait de plus en plus, et il reçut enfin le coup de foudre attendu, sous la forme d'un mandat de comparution pardevant le juge d'instruction, et portant la date du 25 juillet 1858. Après sa déposition pardevant ce magistrat, il attendit avec patience l'heure de son jugement. Ce fut le mois suivant que s'ouvrit son premier procès. Tous les témoins appelés déposèrent en sa faveur; pas un seul de ceux qu'il avait soignés ne se plaignit de lui : au contraire, tous furent unanimes pour reconnaître son grand désintéressement et sa parfaite bonne foi dans les soins qu'il leur avait donnés; mais rien n'y fit : les juges découvrirent dans son procès le délit « d'exercice illégal de la médecine », et malgré une courte, mais chaude plaidoierie de son avocat, le condamnèrent à 15 francs d'amende et aux dépens.

C'est ainsi qu'il perdit sa première bataille !

Quoique ayant succombé, le courage et la foi ne l'abandonnèrent pas pour cela ; « et puisqu'on ne peut absolument « guérir sans la permission de dame Faculté, s'écria le jeune « Surville, soyons diplômé, et je pourrai librement exercer « suivant ma conscience ! »

Son tirage au sort l'ayant fait soldat, il commença par se libérer envers l'Etat moyennant une somme de 2,800 francs ; puis, après mûres réflexions, il partit pour Toulouse, afin de compléter ses études et se préparer aux examens exigés pour entrer à l'Ecole de Médecine.

C'est en 1858, à l'âge de vingt-deux ans, qu'il fut reçu étudiant dans l'art de guérir ; et, faisant allègrement le sacrifice de sa liberté, il se mit au travail avec l'acharnement et la constance qui le distinguent. La tâche qu'il entreprenait, toute rude qu'elle était, lui fut encore rendue plus ardue par les préventions que son passé suscitait à quelques personnes peu intelligentes et par les calomnies ténébreuses de certains jaloux qui cherchèrent, même bassement, à le faire expulser de l'école. Mais la façon brillante dont il passait ses divers examens lui valut, au contraire, l'estime de ses professeurs et lui rendit le calme nécessaire à ses études.

Malheureusement, ce répit ne fut pas de longue durée, et il n'était absorbé par la médecine que depuis neuf mois seulement, lorsqu'une nouvelle assignation à « comparaître le 19 mai 1859 pardevant le tribunal de première instance de Muret » lui tomba comme des nues ! Il se rendit au jour et au lieu indiqué, et se trouva en présence de nombreux personnages appelés comme témoins à charge contre lui pour des affaires semblables à celles qui avaient motivé son premier jugement ; tous rendirent justice aux qualités, au dévouement et à l'extrême honnêteté de Clovis Surville ; mais rien n'y fit, ni l'ensemble des dépositions, plus que favorable à l'accusé, ni l'éloquente plaidoirie de son avocat. Le tribunal, n'admettant pas les bienfaits du magnétisme, et plus inexorable encore que dans son premier jugement, le condamna à cinq jours de prison et lui doubla sa première amende.

Cette sévérité le fit céder au conseil de son avocat, qui voulait immédiatement frapper d'appel ce jugement. Les nouveaux débats eurent lieu à la Cour des appels correctionnels de Toulouse. La sentence des premiers juges fut modifiée. Sa peine fut réduite à 15 francs d'amende seulement, et la prison fut supprimée.

Ce dernier procès eut au moins pour effet de calmer, pour quelque temps, les adversaires acharnés de Surville et, à l'Ecole de médecine même, les lettres anonymes que recevaient sans cesse ses professeurs et le directeur, furent jetées au panier, car elles ne pouvaient tenir contre les victorieux examens qu'il subissait.

Nous laissons à penser ici la somme de courage et de persévérance que devait posséder notre héros, pour ne pas se laisser abattre par tant de revers. Mais nous l'avons déjà dit : il avait résolu, coûte que coûte, d'être reçu médecin, et rien ne pouvait le distraire de cette idée ni l'ébranler. Bien au contraire, il ne fut jamais aussi studieux ni aussi assidu à toutes les leçons ; il était toujours le premier, le matin, à l'hôpital, à côté de ses professeurs et des malades, et le soir aux études accessoires de la noble profession qu'il allait bientôt exercer. C'est ainsi qu'il trouvait encore le temps de suivre les cours de chimie, de physiologie, de botanique, de pharmacie, etc., et nous pouvons réellement rendre à Surville cette justice que, quelqu'implacables qu'aient été vis-à-vis de lui les ennemis de sa doctrine, quelqu'acharnées qu'aient été leurs persécutions, rien ne put jamais l'amollir. Il resta toujours inébranlable dans ses résolutions, parce qu'il avait en lui la conscience de sa valeur, qui le sauva des écarts du devoir.

Il travailla ainsi durant quatre années, et ses vacances même furent consacrées, à l'hôpital, au service des malades; aussi l'estime de ses professeurs crût-elle en raison de son dévouement, au point que M. Marchant, directeur et professeur de l'hospice des aliénés de Toulouse se l'attacha comme interne en le prenant près de lui. Du reste, nous l'avons constaté, on lui confia toujours, durant toutes ses études, les fonctions les plus distinguées.

Au bout de quatre ans d'un travail opiniâtre dans les divers hôpitaux de Toulouse, et après avoir passé de brillants examens; sûr de lui, il se rendit à Paris, désirant acquérir le fini que Paris seul peut donner à tout sujet intelligent. Il passa quelque temps à se compléter dans la capitale, puis se rendit à Montpellier pour terminer ses dernières études. Ce fut là qu'il reçut enfin son diplôme.

Nous sommes en 1863 et, comme tous les médecins de fraîche date, il voulut, lui aussi, s'établir au milieu de sa famille, au lieu qui l'avait vu naître. Quoique bien isolé pour exercer l'art de guérir, son ancienne réputation lui vint bientôt en aide, et les malades accoururent de nouveau de toutes parts pour le consulter. Avec le concours d'une somnambule très-lucide qu'il avait choisi, il opérait tous les jours des guérisons de cas les plus désespérés et que les autres médecins avaient déclarés incurables.

Insensiblement, sa clientèle de malades devint si importante qu'elle porta ombrage à ses confrères; une année ne s'était pas écoulée qu'il sentit s'abattre de nouveau sur lui la main du procureur.

Lui, qui avait espéré un avenir tranquille et qui avait rêvé le bonheur calme que donne la conscience du devoir accompli et du dévouement à ses semblables; lui, auquel ses confrères n'eurent jamais un reproche à faire essuyer, tant sa délicatesse envers eux était grande; lui, qui avait soigné leur propre domestique, des ouvriers, des parents à eux et d'autres malades libres de recevoir les soins de qui bon leur semble; lui, qui avait soigné les malades du Bureau de Bienfaisance et qui avait eu pour tout avantage d'être plus heureux que ses confrères dans ses cures, il dut supporter l'injuste colère de leurs ressentiments, car ils ne purent lui pardonner de guérir des gens qu'eux ne pouvaient même pas soulager. Ainsi qu'on peut le constater, là, encore, sa trop grande bonté le perdit, et sur la dénonciation de quelques concurrents, il fut de nouveau poursuivi. On fit beaucoup d'enquêtes, on entendit beaucoup de témoins qui, tous, affirmèrent ses succès; les médecins seuls déclarèrent que Surville exerçait contrairement et d'une façon nuisible à la santé publique. C'est ainsi que de tout temps les innovateurs ont été traités par ceux qui ne pouvaient les comprendre. Les rapports terminés, le parquet de Muret activa l'affaire, car, pour lui, c'était toujours le même délit; Surville se rendit, accompagné de sa somnambule, à l'audience du tribunal de Muret, le 7 mai 1864.

Il fut longuement expliqué au tribunal que Surville, étant muni de son diplôme de médecin, avait droit d'exercer la médecine suivant sa conscience et sans que personne pût lui reprocher ses actes; qu'ainsi, il ne se trouvait, en aucune façon, sous le coup de la loi du 19 ventôse an XI. Que sa loyauté, sa sincérité et le discernement qu'il apportait dans le traitement des maladies lui avaient valu le grand succès qu'il obtenait; qu'il n'en voulait, comme preuve, que la déposition même des témoins qui, tous, avaient déclaré avoir été soulagés ou guéris par lui; qu'en conséquence, il devait être renvoyé des fins de la plainte.

Mais, quelque éloquent que fût son avocat, et malgré les témoignages presqu'unanimement en sa faveur, il n'en fut pas moins encore condamné à 15 francs d'amende et aux dépens.

Ses ennemis triomphaient : la justice venait de nouveau

de confondre le magnétisme en la personne de Clovis Surville, qui trouva cette nouvelle condamnation plus terrible que les autres, puisqu'il se croyait à l'abri de pareils faits, grâce à son diplôme ; aussi pensa-t-il à se pourvoir en cassation ; mais, après réflexion, il renonça philosophiquement à ce projet, certain que ces procès, n'atteignant ni son honneur, ni sa réputation, ne pouvaient que lui être peu nuisibles, eu égard aux succès qu'il obtenait par sa médecine. Du reste, la lutte eût été inégale ; il était encore le plus faible, il céda. Mais ne voulant en aucune façon abandonner le magnétisme, qui lui avait déjà rendu tant de services dans ses traitements, il résolut de quitter son pays. Sur la prière de quelques amis de Toulouse, ville éclairée, et sur les instances de beaucoup de malades de cette capitale du Midi, il se décida à y fixer sa demeure.

Ce fut au mois de septembre 1864 que Surville vint habiter Toulouse, et en fort peu de temps il eut sa clientèle faite, laquelle augmente tous les jours. De nombreux malades atteints d'affections chroniques les plus invétérées, des gens abandonnés par les célébrités médicales même, encore viennent le trouver, et il les guérit ou les soulage d'une manière très-sensible, à leur grande joie.

Tout lui promettait donc un bel avenir dans sa nouvelle résidence, et il crut, un certain temps, que le malheur l'avait totalement abandonné. Mais, hélas ! il se rendit encore coupable d'un nouveau forfait ! Il eut le bonheur d'opérer la guérison presque miraculeuse d'une malade, dont un docteur en renom n'avait pas même su diagnostiquer la maladie (1).

(1) Nous laissons raconter à M. Surville lui-même cette affaire, que nous extrayons de son ouvrage, intitulé : *Médecine magnétique et somnambulique*, page 84.

GUÉRISON OBTENUE A L'AIDE DE LA MÉDECINE SOMNAMBULIQUE

La nommée Jeanne Cloutet, épicière, âgée de 46 ans, domiciliée à Toulouse,

Il n'en fallut pas plus pour réveiller les foudres olympiques des adversaires de Surville, et une plainte fut déposée contre lui, dans laquelle il était prévenu « d'emploi de « manœuvres frauduleuses pour persuader l'existence d'un « crédit imaginaire ; d'avoir fait naître des espérances chi-« mériques pour se faire remettre des fonds par divers, et « notamment par la femme Cloutet (la malade en question), « et d'avoir ainsi escroqué partie de la fortune d'autrui, « délit prévu et puni par les articles 405, etc., etc., du Code « pénal. »

quartier de Saint-Michel, rue des Trente-Six-Ponts, était atteinte d'une maladie de la vessie depuis deux ans. Elle éprouvait des envies fréquentes d'uriner, avec une grande cuisson ; elle était obligée de verser de l'eau tous les quarts d'heure, soit le jour, soit la nuit ; elle souffrait beaucoup avant et après l'émission. Cette affection lui avait ôté complétement le sommeil et l'appétit ; elle avait considérablement maigri et sa faiblesse était extrême. Toutes les autres fonctions étaient dérangées.

Au mois de mai 1865, elle fit appeler un médecin que, par convenance, je ne nommerai pas.

Ce médecin, après l'avoir examinée, voulut explorer la vessie, ce qui fut accepté par la malade. Après l'examen, le docteur conclut qu'elle avait la pierre; ensuite, il lui dit : « Je reviendrai dans deux ou trois jours pour vous examiner de nouveau. » Ce qui eut lieu. Enfin, il l'examina une troisième fois, et alors il lui dit : « Vous avez dans votre vessie une pierre grosse comme un œuf de poule; pour vous guérir, il faut la broyer avec un instrument spécial. » — « Eh bien ! dit la malade, agissez et guérissez-moi. »

L'opération devait être faite quelques jours après. La malade ne tarda pas à parler de sa maladie à plusieurs personnes de son quartier, dont une lui dit : « Avant de vous laisser faire l'opération, j'irais, à votre place, consulter la somnambule pour savoir s'il n'y a pas un autre moyen de guérison. » La malade lui demanda : « Où faut-il donc que j'aille? » Cette même personne ajouta : « Voilà une adresse de M. Surville, allez consulter sa somnambule. »

C'est le 13 mai 1865 que Mme Jeanne Cloutet vint chez moi pour la première fois; elle me témoigna le désir de consulter la somnambule, en me disant : « Je veux savoir si j'ai besoin d'une opération pour guérir le mal dont je souffre. »

La somnambule fut magnétisée, et après qu'elle lui eut décrit tous les symptômes de sa maladie et l'époque de l'origine des premières atteintes, la malade m'avoua ne pas être satisfaite de ce que la somnambule laissait de côté la chose la plus essentielle. Alors, lui dis-je, expliquez-vous donc, et dites ce

Il y avait à peine dix mois que Surville habitait Toulouse!

Le 7 juillet 1865, Surville dut donc se rendre au tribunal correctionnel pour la troisième fois, accompagné de Clarisse Heuillet, la somnambule qui l'avait assisté dans cette dernière affaire.

Après l'interrogatoire des accusés et l'audition des témoins, qui déposèrent, comme toujours, en faveur du système de traitement de Clovis Surville, son défenseur, l'honorable M⁰ Piou, prit la parole et, avec son talent ordinaire et son éloquence peu commune, eut le mérite d'expliquer, d'une

que vous désirez le plus? « Elle ne voit donc pas que j'ai une pierre dans la vessie? » s'écria alors la malade.

La somnambule, interrogée sur ce point, dit : « Il n'existe pas de pierre dans la vessie, autrement je vous en aurais parlé ; faites le traitement que je vais vous prescrire, immédiatement vous serez soulagée et votre affection disparaîtra. »

Le traitement prescrit par la somnambule fut le suivant : purgation avec p tit-lait, 100 grammes; manne en larmes, 50 grammes; sulfate de magnésie, 10 grammes; la prendre en une fois le matin. — Tisane avec feuilles de noyer, feuilles d'oranger, menthe et graine de lin ; en prendre quatre tasses par jour, pendant vingt jours. — Pilules avec proto-iodure de fer, 5 grammes; extrait de quinquina, 1 gramme; assa fœtide, 1 gramme, pour 40 pilules, deux par jour.

Bains de corps, avec 1 kilogramme de sel, un tous les trois jours, pendant vingt jours; régime tonique, de la viande de bœuf, de veau ou de volaille et du bon vin coupé avec beaucoup d'eau aux repas.

Grâce à ce traitement, qui dura vingt jours, Mᵐᵉ Cloutet éprouva bientôt une amélioration sensible ; le sommeil devenait de jour en jour meilleur, et l'envie d'uriner cessait de se produire aussi fréquemment. Au bout de quatre ou cinq jours, elle se considérait comme guérie.

Le docteur qui lui avait promis de venir l'opérer dans quelques jours ne manqua pas de se rendre avec armes et bagages auprès de son infidèle cliente, à laquelle il demanda de nouveau si elle était bien résolue à subir l'opération. La malade lui dit alors : « J'y suis résolue, mais, au préalable, sondez-moi encore une fois pour voir si l'opération est absolument indispensable. » Le cher docteur, sur cette proposition aussi sage que prudente, procéda à un quatrième et dernier examen ; mais quel ne fut pas son étonnement lorsqu'après avoir fait tourner la sonde appelée *cathéter*, à droite, à gauche, dans toutes les directions, il ne retrouva plus, malgré sa persistance, ce fameux aérolite tombé du haut de sa planète cervicale dans cette vessie malade. Cette aberration des sens du docteur aurait pu faire croire à un état de démence. Enfin, façon claire et nette, au tribunal, la théorie du magnétisme et l'emploi que son client faisait du somnambulisme, et, par suite, l'existence de l'un et de l'autre que lui déniaient ses adversaires, et qu'il prouva être en dehors de toute contestation.

Il fit observer aux juges que « le somnambulisme vient au
« secours du magnétisme, et que, par ce moyen, l'un et l'autre
« étaient susceptibles de rendre, en médecine, les plus grands
« services. » Il leur dit encore : « Que cette science était déjà
« pratiquée depuis longtemps, non-seulement à Toulouse,
« Marseille, Paris, mais presque partout, aujourd'hui ; que
« le fluide magnétique ne pouvait être appréciable à nos
« sens que par les effets que l'on en ressentait.

fatigué de son infructueuse recherche, ce pauvre docteur s'écria violemment : « Mais c'est un miracle ! je ne trouve plus de pierre ! Que s'est-il passé ? vous avez été vous faire opérer ? vous vous êtes adressée, sans doute, à un autre médecin ? » — « Non, répondit la malade, c'est *une médecine* que j'ai consultée et qui m'a guérie. » Le fameux docteur, en entendant cette réponse, redressa gravement le cou dans sa cravate blanche et fit, inutile de le dire, une fort vilaine grimace. Un peu remis, il voulut élucider ce mystère. Il dit à la malade : « Quel est donc le traitement que vous avez fait pour vous guérir ? » Mme Cloutet lui montra l'ordonnance que j'ai mentionnée plus haut et au bas de laquelle se trouvait ma signature. Alors le bon docteur, renseigné, ne trouva rien de mieux à faire que de porter cette ordonnance au commissaire de police de Saint-Michel, en réclamant contre moi des poursuites.

Le résultat de cette inqualifiable dénonciation, qui m'accusait d'exercer illégalement la médecine et de pratiquer des manœuvres coupables pour convaincre de l'existence d'un pouvoir supérieur imaginaire, fut une comparution avec la somnambule Clarisse, le 7 juillet 1865, à la barre du tribunal de police correctionnelle de Toulouse. Les dépositions de Mme Cloutet et celles d'un grand nombre de témoins furent toutes en ma faveur, et je sortis victorieux de cette épreuve.

Je reviens à mon observation :

La malade prit en tout trois consultations somnambuliques : la première, le 13 mai 1865 ; la deuxième, le 3 juin ; la troisième, le 30 juillet de la même année. Je n'entrerai pas dans d'autres détails, et je terminerai cette observation, déjà bien longue, en disant que cette malade, qui avait horriblement souffert depuis deux ans environ, tant au physique qu'au moral, a été immédiatement soulagée par mon traitement, et enfin entièrement guérie en l'espace de trois mois, sans le secours d'aucune opération chirurgicale.

« On ne peut pas le voir, ajouta Mᵉ Piou, car en cela il se
« trouve semblable à bien d'autres phénomènes qui ne se
« démontrent que par leurs effets. En établissant une com-
« paraison, on pourrait peut-être mieux vous faire com-
« prendre :

« Le vent, par exemple, nous frappe, sans que nous puis-
« sions le voir ; la chaleur, nous la ressentons également, et
« nous ne pouvons pas la voir non plus, et cependant elle
« existe, etc.

« Et quelle variété dans les phénomènes du somnambu-
« lisme naturel ! Lisez tout ce que les livres des savants
« disent à ce sujet.

« Heureusement, à ce pyrrhonisme intraitable, à ce parti-
« pris d'une incrédulité opiniâtre, on peut opposer de nobles
« exemples.

« J'aime à citer celui de Georget, dont nous connaissons
« tous au barreau les travaux célèbres. Ce modeste savant
« avait le malheur, comme tant d'autres médecins, d'être
« athée et matérialiste. Il était de ceux qui, n'ayant jamais
« trouvé sous leur *scalpel* une *âme humaine*, arrivent à
« cette triste conclusion : « Il n'y a point *d'âme*, tout est
« *matière.* »

« Le magnétisme peut revendiquer l'honneur de lui avoir
« enseigné Dieu et de lui avoir révélé la plus consolante
« de toutes les vérités : l'immortalité de l'âme dans la vie
« future.

« De nouvelles méditations, dit-il, et surtout les phéno-
« mènes du somnambulisme magnétique, ne me permirent
« plus de douter de l'existence en nous, et hors de nous,
« d'un principe intelligent tout à fait différent des existences
« matérielles : *l'âme et Dieu*. Il y a chez moi, à cet égard,
« une conviction profonde, fondée sur des faits que je crois
« incontestables.

« Ainsi s'exprime, dans son testament, un homme qui,
« après avoir longtemps méconnu ce qui console ici-bas de
« toutes les misères et de toutes les injustices, ce qui inspire
« de la force à tous ceux qui souffrent, crut que la plus
« noble façon d'expier ses erreurs était d'en faire un aveu
« candide et de s'en repentir avec loyauté. (*Approbation.*)

« Je ne pourrais rien dire qui parlât plus haut en faveur
« du magnétisme que cette conversion d'un honnête homme
« qui, en terminant une carrière illustre dans la science, a
« laissé un exemple plus honorable à sa mémoire que sa
« science elle-même et que toute la célébrité qu'il lui doit.

« Je ne suis pas fâché, Messieurs les juges, de vous dire
« encore ce que l'art de la médecine doit au magnétisme.
« Il y a, parmi les savants qu'elle propose à l'admiration
« des hommes, un nom au-dessus de tous les autres qui,
« dominant tous les systèmes opposés et toutes les écoles
« rivales, invoqué par tous comme leur drapeau, est arrivé
« jusqu'à nous au milieu de l'estime et du respect des siè-
« cles : c'est Hippocrate.

« Heureusement, Messieurs, Hippocrate n'est pas venu
« sous ce règne.

« C'est qu'en effet, Hippocrate puisa toute sa science dans
« le magnétisme.

« On ne s'explique pas comment la médecine qui, depuis
« le sage de *Cos*, a reçu le secours de tant de connaissances
« accessoires, paraît n'avoir pas fait un pas en avant et semble,
« au contraire, tourner dans un cercle perpétuel d'erreurs,
« tandis que l'œuvre d'Hippocrate reste debout comme le
« dépôt sacré de l'antique et vraie loi. Les disciples de
« Mesmer répondent, l'histoire à la main, que c'est là la
« preuve la plus puissante qui milite en faveur du magné
« tisme! » Puis, Mᵉ Piou parla longuement des effets du
magnétisme et du somnambulisme, ainsi que de plusieurs

découvertes dues à cette science, en citant à l'appui de sa thèse les textes de plusieurs auteurs, et il finit sa longue et très-remarquable plaidoirie par les conclusions suivantes :

« Je termine en vous disant, Messieurs les juges, que j'ai
« le plus grand espoir que le verdict que vous allez rendre
« sera digne d'un tribunal éclairé, consciencieux, indépen-
« dant, qu'il sera digne de vous ; et permettez-moi, en vous
« remerciant par avance, au nom de l'intérêt général, comme
« d'un acte exemplaire et d'un hommage rendu à la probité
« publique, de vous remercier aussi de l'attention si bien-
« veillante que vous avez daigné donner à ma voix.

» Si vous saviez, Messieurs, combien il est doux, quand
« un homme d'honneur souffre, persécuté, d'être l'appui
« près duquel il se réfugie, le cœur dans lequel il dépose
« ses chagrins, l'appui dont il attend le secours..... et de
« pouvoir lui dire, à la fin des débats, où ce qui est juste,
« vrai, loyal, va triompher de ceux qui disposent du crédit,
« de la puissance, de l'autorité : Consolez-vous, le temps des
« angoisses va finir ; il y a encore quelque justice sur la
« terre ; elle vous a failli bien des fois, mais elle est enfin
« venue ! (*Sensation profonde.*)

» Oh ! oui, Messieurs les juges, cela est doux, et j'ai déjà
« la plus entière confiance que vous allez accomplir vos
« nobles devoirs à l'égard de l'honnête homme qui est
« encore assis sur le banc des prévenus. »

M. le président fit ensuite le résumé des débats. Dans une analyse rapide et élégante, l'honorable magistrat exposa tout le système de l'accusation et celui de la défense, et après une courte délibération, l'acquittement fut prononcé.

La voix de M. le président arrêta les manifestations qui allaient éclater dans l'auditoire ; mais, étant sorti, la foule entoura M. Surville, et un grand nombre d'amis et connaissances lui adressèrent, ainsi qu'à son défenseur, les plus vives félicitations.

Voila à peu près le résumé du martyrologe de Clovis Surville. De toutes ces persécutions sans nom qui l'ont accablé, alors qu'il n'avait rendu que des services ; de ces poursuites arbitraires, lorsqu'on fut forcé de reconnaître sa bonne foi et les guérisons nombreuses qu'il avait opérées ; de ces haines injustes, lorsqu'on n'avait pu que constater chez lui l'amour du travail, de la science et du progrès ; de toutes ces basses jalousies entassées sans profit par ses détracteurs, et de toutes ces lugubres accusations faites par des adversaires aveugles, que reste-t-il aujourd'hui ? Rien, sinon la honte qui rejaillit sur les calomniateurs, lesquels passent et passeront toujours, tôt ou tard, vis-à-vis du monde, pour remplir, au point de vue du progrès, le triste rôle d'éteignoirs qui leur revient de droit lorsqu'il s'agit d'une innovation quelconque.

Du reste, notre héros, pour se consoler de ses malheurs, n'a qu'à consulter l'histoire, qui lui fournira tant d'illustres exemples de comparaison.

André Vessal ne fut-il pas accusé d'avoir disséqué un gentilhomme vivant, et pour ce fait ne faillit-il pas être ignominieusement pendu et ne dut-il pas son salut à la fuite, puisqu'il s'expatria ? Et Galien, lui-même, ne fut-il pas obligé de profiter de la nuit pour aller dérober le squelette d'un pendu afin de pouvoir étudier l'ostéologie dont il fut un des premiers à favoriser l'étude, ce qui faillit lui être si funeste ?

Aussi, Clovis Surville doit-il s'estimer heureux, quels que soient les mauvais traitements que lui ont fait subir les ennemis du progrès, de la situation que lui ont faite les gens intelligents qui l'ont compris.

Ce dernier résultat est la seule récompense décernée sur

la terre aux martyrs qui, de tout temps, se sont sacrifiés pour la marche en avant des sciences et l'amélioration physique et morale de la pauvre nature humaine, de laquelle nous espérons, toute imparfaite qu'elle est, voir surgir, à son heure, une génération complète, possédant tous les secrets encore ignorés, avec la liberté nécessaire à leur éclosion.

Nous ne pouvons faire autrement que de donner quelques preuves de la supériorité du traitement employé par Clovis Surville, et nous exposons ici deux ou trois certificats pris au hasard parmi le grand nombre qu'il en possède. Ils feront constater d'une manière authentique le bien que nous avons dit de notre héros et de sa médicamentation.

Je, soussigné, J. Mirouse, âgé de 35 ans, domicilié à Toulouse, quartier des Minimes, hors barrière, déclare avoir été mordu, le 8 juillet 1872, par mon chien de garde qui était enragé. A la suite de ce grave accident, j'ai reçu à la main droite plusieurs blessures saignantes et notamment au doigt indicateur ; les dents l'avaient presque traversé de part en part. Comme ce chien avait été toujours très-docile, voyant qu'il ne mangeait rien depuis plusieurs jours et que tout à coup il se mit à mordre les animaux et les personnes qui se rencontraient à passer devant lui, que peu de temps après je fus mordu à mon tour, je n'ai pas hésité d'aller trouver mon médecin, M. Surville, et lui exposer le but de ma visite. Immédiatement, M. Surville s'est empressé de me prescrire une plante que j'ai pris de la manière indiquée, et je ne suis plus revenu chez M. Surville que trente-cinq jours après l'accident. Me voyant tout à coup atteint d'oppression, d'insomnie et d'une assez grande inquiétude, je fus revoir M. Surville, qui me conseilla aussitôt de prendre un autre remède. Immédiatement après, je fus soulagé ; je vis passer le quarantième jour sans le moindre dérangemement, et aujourd'hui, deux mois et demi après l'accident, je me porte très-bien, ce qui me fait supposer que je suis guéri. D'après toutes les inquiétudes physiques et morales que j'ai éprouvées, le terrible danger de voir à chaque instant ma vie en péril), il me semble que c'est pour moi un bonheur d'écrire cette cure à la publicité et de pouvoir témoigner à mon bienfaiteur ma reconnaissance.

Toulouse, le 25 septembre 1872.

J. Mirouse.

Vu pour légalisation de la signature de M. Mirouse, apposée ci-dessus.

Au Capitole, à Toulouse, le 30 septembre 1872.

Le Maire,
Tourné.

Je, soussigné, dizenier de la 100ᵉ circonscription du canton nord, certifie que, d'après les renseignements que j'ai pris auprès des voisins de M. Mirouse, il est avéré qu'il a été réellement mordu par son chien et guéri par M. Surville, ainsi que lui-même vient de l'attester plus haut.

Toulouse, le 26 septembre 1872.

Brefel, *dizenier.*

Je, soussigné, Antoinette Carrière, de Bram, département de l'Aude, certifie que j'avais une dent cariée, la première grosse molaire de la mâchoire inférieure. Depuis un an environ, j'éprouvais souvent de très-vives douleurs ; alors je demandais à M. Surville de m'extraire cette maudite dent, mais j'appréhendais tellement l'opération, que je n'aurais jamais pu me soumettre à la subir s'il ne m'avait persuadée qu'étant magnétisée, je ne souffrirais pas du tout. Ayant confiance, je me laissai magnétiser, et ma dent fut enlevée sans sensation d'aucune sorte. Lorsque je fus éveillée, comme je disais à M. Surville que je souffrais un peu de ma dent (la croyant toujours en place), il me la remit dans la main en me disant que j'étais guérie.

Ce que je certifie sincère et véritable.

Toulouse, le 6 mai 1870.

A. Carrière,
De Bram.

Je, soussigné, certifie que ma femme fut atteinte, il y a cinq ans, d'une crise de folie très-forte ; nous étions quatre pour la contenir. Ne sachant plus quoi lui faire, au bout de cinq heures de crises horribles, j'envoyai prendre, dans le courant de la nuit, M. Surville, médecin. A son arrivée, il jugea à propos de la magnétiser, ce qui fut accepté par moi et par tous les assistants.

Après que M. Surville eut magnétisé ma femme pendant dix minutes environ, elle s'endormit et nous la laissâmes reposer une demi-heure ; ensuite M. Surville la fit parler, et elle nous avoua être entièrement guérie. Sans faire aucune autre espèce de traitement, cette maladie n'est plus revenue.

Aujourd'hui, cinq ans après la guérison, je lui délivre, à titre de reconnaissance, le présent certificat.

Toulouse, le 20 mars 1870.

B. Calmel,
A Terre-Cabade.

Vu pour légalisation de la signature de B. Calmel, apposée ci-dessus.
Toulouse, le 7 juillet 1870.

Le maire,
De Planet.

SES ACTES DE DÉVOUEMENT

Nous avons présenté Clovis Surville comme homme de science et comme victime de son système; il nous reste à le faire voir sous le jour plus noble encore du courage personnel, du dévouement à ses semblables et de la probité la plus large. Il nous suffira, pour cela, de rappeler par une simple nomenclature chronologique tous les faits saillants de la jeunesse de Surville, que nous avons omis à dessein dans cette courte biographie, afin de les offrir comme finale digne de lui et du lecteur.

1852 est la date marquée dans la vie de Surville par son premier acte de dévouement : à dix-sept ans, et dans une partie de natation avec des jeunes gens de son âge, au milieu de *la Louge,* la même rivière qui avait failli lui être si fatale quelques années auparavant, il eut le bonheur de sauver un de ses amis, Jean Sauvestre, qui se noyait. L'année suivante, nouvel acte de courage et de dévouement, toujours dans *la Louge*. Un enfant de dix ans, fils de Jean Cazertes, métayer chez M. de Rémusat, entraîné par un rapide courant, fut encore sauvé par Surville.

En 1855, averti par son domestique qu'un chien atteint d'hydrophobie venait de mordre plusieurs autres chiens du voisinage, Surville saisit son fusil, se mit courageusement à la poursuite de la bête enragée et l'abattit d'un seul coup avec une précision remarquable.

Au mois d'août de la même année, en revenant de la foire du Fousseret, où il était allé avec plusieurs connaissances, il eut le spectacle d'un taureau furieux s'élançant sur le nommé S..., bien connu dans le pays, et qui, vu son état d'ivresse, occupait seul une bonne partie de la route; d'un coup de tête l'animal renversa l'homme par terre et lui labourait le corps de ses cornes. Surville saisit rapidement le bâton du propriétaire de l'animal qui était accouru, et lui en assénant plusieurs coups vigoureux sur ses cornes, il força le taureau à lâcher prise et à s'enfuir.

La même année encore, Surville opéra un sauvetage d'un autre genre. Le nommé Abadie, un de ses amis, était monté sur un arbre pour dénicher un nid; en introduisant sa main dans le trou de l'arbre le pied lui manqua et il resta suspendu dans l'espace, accroché par le poignet dont la main était restée dans le trou. Il était dans cette position depuis une heure au moins et complètement épuisé, lorsque Surville, qui passait par hasard, l'aperçut dans cette dangereuse position; monter sur l'arbre et décrocher son maladroit ami fut pour lui l'affaire d'un instant.

Durant l'été de 1859, lorsqu'il étudiait la médecine à Toulouse, il fit une partie de natation avec quelques camarades. Le sieur Rogé, propriétaire, place Saint-Cyprien, s'étant engagé sous une barque, où il se noyait, ne dut son salut qu'à Surville qui, au péril de sa vie, alla courageusement le dégager et le ramena sain et sauf.

En 1862, il était encore étudiant, et une épidémie de petite vérole vint sévir à Toulouse. Toujours sur la brèche lorsqu'il s'agissait de dévouement et d'étude, Surville s'attacha dans un but scientifique à l'observation toute spéciale des malades atteints de ce terrible fléau dans les salles de l'Hôpital Saint-Jacques. Il remit, dans l'espace de quatre mois, à son professeur, M. Guitard, le résultat de ses observations sur quatre-vingt-cinq sujets atteints de variole ou de varioloïde.

Durant l'hiver de 1865, rentrant chez lui vers onze heures du soir, il vit un militaire couché dans un jardin voisin, inanimé et à moitié couvert de neige. Surville, le ramassa, et après l'avoir traîné chez lui et lui avoir prodigué tous les soins que comportait son état, il le reconduisit encore à sa caserne.

Le 8 avril de la même année, il sauva la vie au sieur Le Fer, son propriétaire, dans les circonstances suivantes : vers onze heures du soir, Surville, entendant la femme de ce dernier qui appelait au secours et qui se lamentait, en ajoutant que son mari se mourait; Surville saisit vivement sa trousse et accourut près de M. Le Fer qu'il trouva, après examen, atteint d'une attaque d'appoplexie foudroyante, sans connaissance, la figure fortement congestionnée, et le sang qu'il rendait par le nez et par la bouche lui indiqua qu'il n'avait pas un moment à perdre. Il n'hésita pas une seconde à lui pratiquer une large saignée, et les soins qu'il lui donna toute la nuit rappelèrent le malade à lui ; en deux jours il fut hors de danger et peu de temps après complètement guéri.

SES ACTES DE PROBITÉ

En 1866, au mois d'août, Clovis Surville trouva sur la voie publique un grand médaillon en or, qui renfermait des reliques précieuses d'une valeur bien plus considérable que le médaillon lui-même ; il s'empressa d'aller le faire porter par son père au bureau du commissariat de police, au Capitole, pour qu'il fût rendu à son propriétaire.

En 1874, et le 25 mars, M. Paul Thomas, rentier, rue du Dix-Avril, 36, à Toulouse (1), après avoir constaté l'excellence du traitement employé par Surville, fit un aveu très-intéressant que nous tenons à reproduire ; mais donnons la parole à M. Thomas :

« Vers le milieu de 1867, ma femme étant malade, je la
« conduisis chez M. Surville ; quelques jours après qu'elle
« eut suivi le traitement qu'il lui ordonna, tous les symptô-
« mes fâcheux avaient disparu, l'appétit était revenu ; elle
« était guérie.

« Pendant la même année, je fus moi-même malade, et

---

(1) Voir la *Cible des Profanes*, page 163.

« après avoir réclamé les soins du même médecin, je fus
« bientôt sur pieds.

« M. Surville m'a toujours inspiré la plus grande confiance,
« comme homme scientifique, par les heureuses applications
« de son système, et comme morale, par l'aveu que me fit
« une personne des plus honorables que, dans une circons-
« tance comme il en naît souvent pour les hommes de sa
« profession, M. Surville refusa un legs de 20,000 francs
« que voulait lui faire une malade reconnaissante de ses
« bons soins. »

En 1876, voici ce qu'on peut lire dans un journal de Toulouse (*La Dépêche,* dans son numéro du 30 août 1876) :

« Acte de probité : La dame Marie Razal, demeurant rue
« Marengo, avait perdu, la semaine dernière, un porte-mon-
« naie contenant une somme assez importante. Ce porte-
« monnaie lui a été rendu par M. Surville, médecin, allées
« Lafayette, etc., etc. »

Nous pourrions citer encore un bien plus grand nombre d'actes de dévouement et de probité qui sont à l'actif de Surville, et qui prouveraient combien cet homme de science a été méconnu et combien l'injustice de ses adversaires fut grande à son égard ; mais, pour de multiples raisons, dont les principales sont que certains faits ou certaines personnes ne peuvent souvent être mises en lumière, nous ne pouvons tout dire.

Néanmoins, si le lecteur désire connaître quelques faits curieux que nous n'avons pu reproduire ici, quelques nouvelles observations, et surtout quelques attestations des cures merveilleuses du docteur Surville, nous lui recommandons ses ouvrages : La *Médecine magnétique et somnambulique* et *La cible des Profanes.*

Surville a fait encore d'autres ouvrages, parmi lesquels nous citerons : *Nouveau traité des maladies de la bouche et*

Chirurgie dentaire, comprenant l'hygiène et le traitement de toutes les affections buccales.

Guérison du bégaiement. — Exposé d'une nouvelle méthode.

Extrait de la médecine magnétique et somnambulique. — Guérisons surprenantes obtenues par le magnétisme et au moyen d'opérations chirurgicales pratiquées sur des sujets rendus insensibles par le magnétisme.

Traitement des affections nerveuses par l'application de la ceinture galvano-magnétique, renfermant un abrégé historique de l'application des métaux dans l'antiquité, du galvanisme, de l'électricité, du magnétisme.

Guérison de la gonorrhée et de la leucorrhée aiguës et chroniques chez l'homme et chez la femme. — Description de toutes les formes de ces diverses affections, suivie d'un traitement spécifique.

De la maladie. — Thèse pour le doctorat en médecine, etc.

Il a donné, dans le cours de ces ouvrages, le moyen de traiter presque toutes les maladies à peu de frais et sans le secours du médecin ni du pharmacien.

Parmi les nombreux travaux scientifiques qu'il a à son actif, nous signalons plusieurs découvertes chimiques et pharmaceutiques, qui lui ont valu les éloges des personnes les plus honorables.

Entièrement consacré aux soins de sa profession, Clovis Surville s'attache surtout aux malades abandonnés par les autres médecins et à tous les cas réputés incurables.

Enfin, qu'il nous soit encore permis, en terminant, de constater la confiance qu'inspire son dévouement et qui lui a valu une si nombreuse clientèle, et l'estime qu'il impose, laquelle lui a valu de si nombreux amis. Pour constater ces résultats, il nous suffira de donner la liste des nombreux

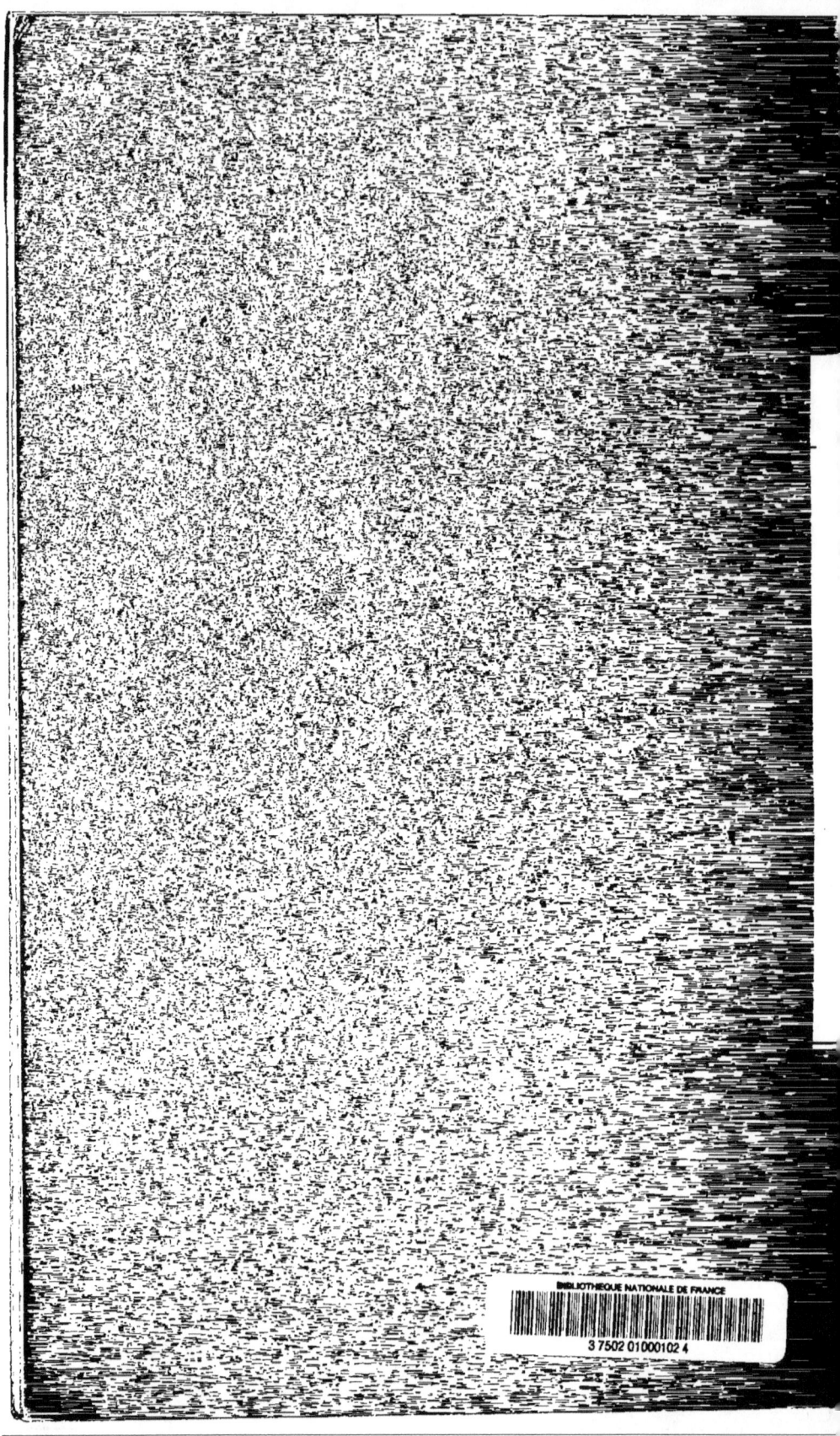

www.ingramcontent.com/pod-product-compliance
Lightning Source LLC
Chambersburg PA
CBHW070710050426
42451CB00008B/586